Mis dos casas

Julie Murray

Abdo Kids Junior es una
subdivisión de Abdo Kids
abdobooks.com

Abdo
ÉSTA ES MI FAMILIA
Kids

abdobooks.com

Published by Abdo Kids, a division of ABDO, P.O. Box 398166, Minneapolis, Minnesota 55439.
Copyright © 2022 by Abdo Consulting Group, Inc. International copyrights reserved in all countries.
No part of this book may be reproduced in any form without written permission from the publisher.
Abdo Kids Junior™ is a trademark and logo of Abdo Kids.

Printed in the United States of America, North Mankato, Minnesota.

102021

012022

THIS BOOK CONTAINS
RECYCLED MATERIALS

Spanish Translator: Maria Puchol

Photo Credits: iStock, Shutterstock

Production Contributors: Teddy Borth, Jennie Forsberg, Grace Hansen

Design Contributors: Candice Keimig, Pakou Moua, Dorothy Toth

Library of Congress Control Number: 2021939740

Publisher's Cataloging-in-Publication Data

Names: Murray, Julie, author.

Title: Mis dos casas/ by Julie Murray

Other title: My two homes. Spanish

Description: Minneapolis, Minnesota: Abdo Kids, 2022. | Series: Esta es mi familia | Includes online
    resources and index

Identifiers: ISBN 9781098260613 (lib.bdg.) | ISBN 9781644947487 (pbk.) | ISBN 9781098261177 (ebook)

Subjects: LCSH: Families--Juvenile literature. | Home--Juvenile literature. | Children of separated
    parents--Juvenile literature. | Children of divorced parents--Juvenile literature. | Families--Social
    aspects--Juvenile literature. | Spanish language materials--Juvenile literature.

Classification: DDC 306.85--dc23

Contenido

Mis dos casas. 4

Diferentes tipos
de casas 22

Glosario 23

Índice 24

Código Abdo Kids . . .24

Mis dos casas

Algunos niños tienen dos casas. Pasan su tiempo entre las dos.

Lou come en casa de su mamá. Ellos hacen sopa.

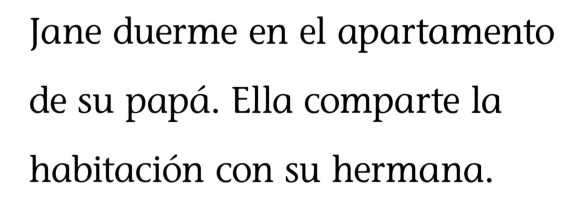

Jane duerme en el apartamento de su papá. Ella comparte la habitación con su hermana.

Nathan está en el apartamento de su mamá. Le ayuda a pintar.

Abby va en autobús a la escuela. La recogen en casa de su papá.

Cristina está nadando con su hermana. Están en casa de su mamá.

Eva tiene un perro. Buster vive
en una **casa contigua**.

Seth **estudia** en casa de su mamá. Ella le ayuda con las matemáticas.

Ken planta flores. Hace que la casa de su papá esté más bonita.

Diferentes tipos de casas

apartamento

casa

casa contigua

condominio

Glosario

casa contigua
casa que es parte de una fila de casas iguales. Está conectada a otras casas por las paredes.

estudiar
entender algo para aprenderlo.

Índice

autobús escolar 12

cena 6

cocinar 6

compartir 8

estudiar 18

flores 20

nadar 14

perro 16

pintar 10

Abdo Kids
ONLINE
FREE! ONLINE MULTIMEDIA RESOURCES

¡Visita nuestra página **abdokids.com** y usa este código para tener acceso a juegos, manualidades, videos y mucho más!
Los recursos de internet están en inglés.